शब्दो का सफर

Life is a kaleidoscope of emotions,and these poems resonating with the diverse experiences of my readers

Vijeta

BookLeaf Publishing
India | USA | UK

Made with ❤ on the BookLeaf Publishing Platform
www.bookleafpub.in
www.bookleafpub.com

Dedication

I dedicate this book to my beloved mother, whose unwavering love, guidance, and inspiration have shaped me into the person I am today. Though I can never fully repay the debt of her selfless love and care, I offer this humble collection of poems as a token of my gratitude and love

Preface

As the title 'Shabdo Ka Safar' suggests, this anthology of poems embarks on a profound journey, navigating the complexities of human emotions. From the euphoria of love to the depths of heartbreak, from the serenity of nature to the fervor of patriotism, these poems aim to resonate with the diverse experiences of life. May the words within these pages touch your heart, inspire your soul, and provide solace in times of need. To my cherished readers and their loved ones, I offer this collection with love, sincerity, and the hope that it becomes a companion on your own life's journey.

Acknowledgements

I am grateful to my daughters for her patience and motivation, listening to my poems every time I write. To my family, I'm forever grateful for their unconditional love and support, which fueled my creativity. I appreciate Book Leaf Publishers for embracing my work and providing a platform for my poems to reach a wider audience. Special thanks to my friends for their insightful feedback and encouragement, which helped shape this collection. This book wouldn't have been possible without all of you.

1. सोने का पिंजरा

सोने के पिंजरे में एक पंछी देखा है
सबने अपने नजरिये से वो परखा है
कुछ लोगो को वो सोने का पिंजरा दिखता है
उस पंछी के लिए तो;सिर्फ पिंजरा ही रहता है
हक है हर किसी को अपना मनचाहा जीवन जीने का
किसी के पर काट उसे क़ैद करके क्या ही मिलता है
मालिक खुश रहता है मेरे पंछी को मैंने सोने का पिंजरा दिया
सोचती हूँ मालिक होने का हक़ ही तुम्हें किसने दिया !
किस विश्वास से वो पंछी तेरे पास आया होगा
एक दोस्ती का हाथ उसने तुझसे बढ़ाया होगा
जानो पंछी के मन को उसे क्या लगता है
क्या उसे वो पिंजरा उसका घर लगता है ?
खोल के देखो जरा पिंजरा अपने मन का
चाहता क्या है पंछी सुनो हाल उसके दिल का
बंद बंद सी ज़िंदगी शायद बंदगी बन गई हो
उड़ना जिसकी फ़ितरत है एक पिंजरे में बंद हो गई हो
दाना पानी देकर तुम ख़ुश हो जाते हो
रखते हो ख्याल कितना उस पर गर्व जताते हो
स्वतंत्र गगन में उड़ना ही जीवन है
ख़ुद से ख़ुद की भूख मिटाना जीने का एक ढंग है

आजीवन किसी बन्दगी में रहना;क्या है उस पंछी को स्वीकार?
बोलना आता अगर उसको तो कर ही देता वो इंकार
खोल दो पिंजरा उसका और अपने मन का
जी लेने दो उसका जीवन उसे पंख पसार

2. अर्थपूर्ण प्यार

एक आँसू छलका के तो देख
उसकी आँखों से आँसू न छलके तो कहना
जी भर के प्यार कर के तो देख
तुम उसकी जान ना बन जाओ तो कहना
प्यार एक बंधन बना कर किया ,तो क्या किया
निस्वार्थ भाव से प्यार कर के तो देख
उस निश्छल भाव न बह गए तो कहना
जितनी आशाएं उतना दुख
खुल कर प्यार करने का ना पाओगे सुख
लेन देन के बंधन में ना फंस जाओ तो कहना
अकारण प्यार ही ना किया तो क्या किया
किसी से माँग कर भी कभी प्यार हुआ है
प्यार कोई भीख नहीं ये तो रब की दुआ है
दुरियों से ना प्यार में कभी अंतर आए
दूरियाँ सही ना जाए पर प्यार हमेशा यूँही अनंत रह जाए
प्यार तो जीना सीखाता है
हमेशा जीवन में उठना सिखाता है
प्यार में गिर गए तो क्या कहना
प्यार में दुखी हो गए तो क्या कहना
प्यार एक भरोसा है

प्यार एक विश्वास है
प्यार तो एक जिंदगी जीने की आस है
प्यार को खोया या पाया नहीं जाता
प्यार तो वो प्यारा अहसास है जिसे जिया है जाता
प्यार में अधिकार नहीं प्यार में कोई हक नहीं
प्यार ख़ुद में भरपूर है उसे कोई प्राप्ति की दरकार नहीं
वो है तो सब कुछ है,ये महसूस कर पाना
पल भर नज़रो से देख पाना ही सब कुछ है ,तो क्या कहना
तुम्हारी हंसी के पीछे का दर्द समझ लेता है प्यार
बिन बोले ही सब समझ लेता है प्यार
प्यार अगर जरूरत बन जाए तो क्या कहना
तोड़ दे तुम्हें जो तुमसे तो क्या कहना
प्यार तो सम्पूर्ण करता है
तुम्हें वो तुम से ही मिलाता है
प्यार एक समर्पण है प्यार का अर्थ ही पूर्ण है
जो कोई इसे महसूस कर ले
जीवन के हर पहलू में ख़ुद को निपुण कर ले

3. चाँद ने चाँदनी से कहा

चांद ने चाँदनी से कहा :
मेरी सुंदरता तुझसे है
ये शायद तुझे मालूम नहीं
तुम ही रूठ गई मुझसे तो
मेरा कोई नूर नहीं
इतराता हूँ मैं तारों संग
बस तू ही है मेरी उमंग
यूँ मुझे छोड़ कर ना जाया कर
मैं अधूरा हो जाता हूँ
जैसे ही आती है तू
मैं अमावस्या से पूर्णिमा हो जाता हूँ
जब तू होती है साथ मेरे
मेरी गरिमा तू बढ़ाती है
निहारते हैं जब ख़ूबसूरती को मेरी
मेरे दागो पर नज़र नहीं जाती है
तेरी चादर ओढ़ लोग
आकाश तले सो जाते हैं
आ जाती है अगर याद उसकी
तो मुझसे बैठ बतलाते हैं
कहते हैं लोग तुम कैसे ख़ुश रह लेते हो

हम तो दिन के उजालों में खो गए
तुम अंधेरे में कैसे जी लेते हो
मेरी चाँदनी जिससे है
मुझसे मिलाने को वो ख़ुद डूब जाता है
चाँदनी मेरा गुरूर है
इसमें अँधेरा मेरा साथ निभाता है

4. बूँदो और हवा की लुका छिपी

पत्तो पर पड़ी बूँदे
हवा भी उन्हें चारों ओर है ढूँढे
पत्तो की वो सनसनाहट
हवाओं की वो सरसराहट
एक दूसरे को जैसे आवाज़ देती है
ढूँढ कर दिखाओ इन्हें; सुरों का साज़ देती हैं
तेज हवा बादल को उड़ा कर दूर ले जाती है
बादल भी नटखट है पहले गड़गडहता है
फिर कहीं दूर वो टूटकर बरस जाता है
कुछ बूंदे पत्तो में जाकर हैं छिप जाती
कुछ बूंदे जाकर मिट्टी में हैं मिल जाती
मिट्टी की सौंधी खुशबू बूँदो का पता है देती
हवा भी झूम कर उसे चारो है फैला देती
कुछ बूँदे जब मुझ पर गिरी
हवा भी अपनी शरारत दिखाने लगी
मेरी जुल्फ़ों को उड़ा
मेरे मन को छुआ
बूँदो का मिलन जैसे बहाना हुआ
मैंने सोचा मैं भी लुफ़्त उठाती हूँ
हवा और बूँदो की लुका छिपी में;मैं भी शामिल हो जाती हूँ

ज़िंदगी की सरगम में मैं भी गायक हो गई
हवा और बूँदो से दिल के राज मैं सारे कह गई
लुका छिपी तो सिर्फ़ बहाना था
बारिश और हवा में घुल मिल यूँ जाना था
प्यारा सा रिश्ता मुझे इन दोनों से बनाना था

5. जिंदगी एक पहेली

क्यों लगती है पहेली ये जिंदगी
कभी दौड़ती हुई कभी ठहरी हुई क्यूँ लगती हैं ये ज़िंदगी
क्या बोलू ?किससे बोलू ?
दुनिया के ऐसे रंग क्यूँ दिखाती है ये ज़िंदगी ?
कुछ रास्ते टेढ़े हैं कुछ सीधे हैं
आसमान में उड़ते परिन्दे हैं
हम सिर्फ़ घुट घुट कर जीते है
क्यूँ ऐसे पल दिखाती हैं ये जिंदगी
सोचती हूँ काश हवा होती पतंग होती
या स्वतंत्र आकाश में उड़ता पक्षी होती
इन इंसानों के बीच यूँ फँसी है ये ज़िंदगी
अच्छा नहीं लगता ये सुनने में
मन सुन्न सा हो जाता है
सोचो उन लोगो के बारे में
जिनका जीवन ऐसा हो जाता है
न छोड़ो उन्हें अकेले अपने तर्क वितर्क के मेले में
न छूट जाए किसी का जीवन ये सब सोचते हुए अकेले में
इंसानियत दिखा दो उन्हें
ना लगे ये बंदगी

अगर एक भी इंसान है अकेला इस भीड़ में
तो किस काम की है ये ज़िंदगी?

6. जिद्द तो अच्छी है

नटखट से नादान से बच्चे
होते है पर दिल के सच्चे
इतनी उछल कूद है करते
हर बात पर हंसते रहते
सुना है ज़िद्दी होते है
पर जिद्द तो हर बात की अच्छी है
खेल हो या काम हो
ज़िंदगी का कोई भी मुकाम हो
पर जिद्द तो अच्छी है
जिद्द हो कुछ कर दिखाने की
मुश्किलों को पार कर जाने की
हर कोई बस ये कहे
जिद्द तो अच्छी है
आज छोटे हैं तो समझ नहीं पाते
अपनी जिद्द से सब काम हैं करवाते
आज आप जिस जिद्द से हैं परेशान
कल उस जिद्द से ये करेंगे हैरान
बस ये मासूमियत ना गवां देना
हँसना यूँ खिलखिलाकर ना भूला देना

एक ज़िद्द हो जीवन जीने की
इसे जी भर के दिखा देना

7. खुशियों का पासवर्ड

सोचती थी ये ख़ुशियाँ अचानक कहाँ ग़ायब हो जाती है
देखते ही देखते सब कुछ बदल ये जाती है
सुख दुख का तो जन्मो का नाता है
देखो ध्यान से बहुत कुछ सिखाता है
दुख नहीं आयेंगे तो नया क्या सीख पाओगे
अपनी ख़ुशियों में बदलाव कैसे पाओगे
ऊब नहीं जाओगे एक समान ज़िन्दगी जीके
दुख आता ही है सिखाने कुछ अलग जीवन जीने के तरीके
समस्या समाधान सिखाती है
अंदर छिपे गुणों को बढ़ाती है
अच्छे बुरे की पहचान कराती है
अपने पराए का भेद कराती है
खुशियों का पासवर्ड शायद दुख ही है
खोल दे जो खुशियों का द्वार वो दुख ही है
आए कभी दुख तो अब नहीं घबराना
सोचना कुछ अच्छा ही होगा और आगे बढ़ते ही जाना

8. पिता और बुढापा

चलते हो दीवार पकड़कर
हर जगह निशान छोड़ जाते हो
पिताजी तुम घर की पूरी खूबसूरती बिगाड़ देते हो
कुछ दिन सही था अब तो रोज़ का हो गया
आपका बुढ़ापा अब सर दर्द है बन गया
क्यों लेना है सहारा इन दीवारों का
अपने हाथों को बनाओ सहारा इन लड़खते पैरो का
आँखो में नमी और चेहरे पर ग़म था
मन में उठा पीड़ा का सैलाब पर मुंह बंद था
छोड़ दिया सहारा अब दीवारों का
लड़खड़ाये जब कदम ख्याल आता तीक्ष्ण तानो का
एक दिन कदमों ने साथ छोड़ दिया
अस्पताल से उनका नाता जोड़ दिया
वहाँ गिनते रहे वो एक एक दिन
खाना तो मिल रहा था प्रतिदिन
पर हाथो में ना था किसी का हाथ
साँसो ने भी छोड़ दिया अब उनका साथ
सोचा उसने दीवारों पर अब रंग लगाते है
इन गंदे दागो को भी मिटाते है
वही पोता आया दौड़ता-

नहीं रंगनी है ये दीवार ;इस घर का प्यारा हिस्सा है
जिन हाथो से दादाजी मुझे उठाते थे
उन यादों का वो किस्सा है
जो उन्हें दाग थे लगते , आज वो निशान है बन गए
एक पोते के लिए दादाजी की पहचान वो बन गए
आज शर्म से आँखे शायद झुक गई होंगी
बच्चे की ये बात दिल को कहीं छुई तो होगी
शायद ऐसा सोचा होता तो बात ही कुछ और होती
उसके पिताजी के चेहरे पर खुशी और ज़िन्दगी थोड़ी ओर जी ली होती
ये कहानी जीवन पर एक निशानी छोड़ गई
ख़ूबसूरती दीवारों में है या अपनों में?ये प्रश्न जोड़ गई
जब छोटे होते थे तब का हाल क्या भूल गए ?
किताबे छोड़, घर की हर दीवार पर अपनी कला दिखाते थे
चॉकलेट खा कर जब पिता के कंधे पर सर रख कर सो जाते थे
अंदाज़ा भी नहीं है कितने दाग वहाँ लग जाते थे
उस पिता को पर दाग ढेर सारी खुशियाँ दे जाते थे
डगमगाते थे पैर जब बचपन में
वो पिता ही थे जो हाथ अपना बढ़ाते थे
उन पलो को जीना आता था उन्हें
अपनापन क्या है पता था उन्हें
वही बुढ़ापे में बोझ लगने लगते
नहीं सहा जाता तो किसी वृद्धाश्रम में है छोड़ देते
काश कुछ ऐसा हो जाए
जब पिता का बुढ़ापा सहा ना जाए
सबको अपना बचपन याद आ जाए

शायद कुछ बदल हो जाए
बुढ़ापा एक स्वर्णिम पल बन जाए

9. माँ एक दुआ

माँ ने चुना मात पिता की सेवा
कर दिया अपना सपना क़ुर्बान
सिमट कर रह गई वो चार दीवारों में
करती रही वो हर एक काम
सबकी खुशियों को अपना मान
देती बड़े छोटे को सम्मान
हर किसी की जरूरत का रखती ध्यान
अपनी जरूरते करती रही क़ुर्बान
घर का सारा काम वो करके
हमे भी वो पढ़ा लेती थी
जाने कौनसी शक्ति है
सब कुछ वो सम्भाल लेती है
काम ना कभी करने दिया
पढ़ाई में ना आए कोई रुकावट
हर कठिनाई में जो साथ निभाये
है माँ कैसी ये तेरी बनावट
हमेशा तुने ही सिखाया माँ
जीवन में आगे बढ़ना पर ना भूलना ख़ुद की पहचान
ना भूल कर भी भूलती रही तू शायद खुदको माँ
और जीती रही तू सबके सपनों को अपना मान

बिन बोले सब कुछ जान लेती है माँ
हर किसी को संभाल लेती है माँ
हर तूफ़ान का सामना करती है माँ
सबको साथ लेकर चलती है माँ
माँ तुझसे भी भला कभी कुछ छुपा है
माँ तू मामूली नहीं एक रब की दुआ है
माँ एक दुआ है जो शायद एक कमजोर की कभी क़बूल हुई
इसीलिए एक माँ से ही हर मकान एक घर बना है
एक एक मोती को जोड़ सूखी सुंदर परिवार बना है
जो ख़ुद रब की दुआ है उसे क्या दुआ देगा कोई
एक प्रतिशत भी तुझ जैसी बन जाउ ना माँ
तो सोचूँगी मेरी भी दुआ क़बूल हुई

10. समुद्र एक रहस्य

समुंद्र एक रहस्य है
अद्भुत उसका दृश्य है
एक छोर रेत को छूता है ऐसे
दूसरा आसमान को छू जाता जैसे
सुंदर चमकदार किरणे चमके सतह पर
अंदर पूरा अंधेरा है पर ?
इतना विशाल समुंद्र होकर
किस गहराई में खोया है
सारी नदियाँ उससे मिलने आती
फिर क्यूँ नमकीन आँसू रोया है
सोचा अंदर जाऊ समुंद्र के
रहस्य ढूँढ पाऊ कुछ इसके
अंदर का तो नज़ारा कुछ और था
अँधेरा हर तरफ़ मानो घनघोर था
मछलियाँ टिमटिमा रही थी ऐसे
लालटेन पकड़े हुए थी जैसे
इन झुंढ की चमक में मैं यूँ खो गई
समुंद्र की गहराई थोड़ी और छू गई
यहाँ तो उसने अलग ही दुनिया बनायी थी
लुभावनी रंगों से एक बगिया सजाई थी

जलीय दृश्य रात के आसमान की तरह दिव्य था
बहुरंगी व चमकीले फूलों की तरह भव्य था
सीप के अंदर का मोती मुझे दंग कर गया
समुंद्र का खजाना मुझे मलंग कर गया
समुंद्र का रहस्य जान पायी आज
गहराई और विशालता का खोल गय़ा एक राज
दुनिया कुछ भी करे उसे बस अंदर समाना है
मन की लहरों से मोती सब पर लुटाना है
समुंद्र से जिसे जो चाहिए वही वो लेता है
किसी को चाहिए मोती, मछली या सिर्फ अपने पैर भिगोता है
प्रकृति के हर रूप को मैं नमन करती हूँ
जीवन रूपी समुंद्र की सीख का सम्मान करती हूँ

11. नन्ही परी

मेरी प्यारी सी नन्ही परी
नटखट है तू बहुत बड़ी
बातों से दिल को बहलाती है
मुस्कुराहट तेरी दिल को छू जाती है
अपनी बात हमेशा मनवाती है
नहीं सुनो बात कोई तो
झूठा नाटक दिखाती है
नटखट है नादान है
तू ईश्वर का वरदान है
अपनी तर्कपूर्ण बातों से
करती सबको हैरान है
कहानी लेखन हो या गायन हो
रचना हो या कलाकारी हो
तू सब में कमाल है
बस क्या कहूँ तेरे बारे में
तेरी हर बात बेमिसाल है
यूँही हमेशा हँसती रहे
अटखेलियाँ यूँ करती रहे
सबका जीवन खुशियों से
यूँही हमेशा भरती रहे

12. रब की रजा

तुझे पता है तेरी आँखे पढ़ लेती हूँ मैं
उसमे छिपा हर एक राज जान लेती हूँ मैं
छुपाना भी चाहो ना छुपा पाओगे हमसे
तेरे दिल की धड़कनों को महसूस कर लेती हूँ मैं
कब तक यूँ एहसासों को दबाओगे
ये धड़कनों और आँखो से दगा ही पाओगे
क्यूँ ऐसे पास आकर दूर हो जाते हो
अपनापन जताकर यूँ अंजान हो जाते हो
एक शब्द तेरा सुनकर जो पूरा दिन गुजारले
एक नज़र देख तुझे तेरी नज़र उतारले
तेरे सिर्फ़ ख्याल से ही जो ख़ुशी से झूम उठती है
समझ वो किस कदर तुझसे इश्क़ करती है
खुदको मेरी रूह से क्या निकाल पाओगे
अभी 'मै' हूँ, 'तू 'है पर "हम "को क्या निभा पाओगे
सही और ग़लत का जब ख्याल ना आए
ग़लत हो भी मगर गलत महसूस ना हो पाए
शायद हमारी नहीं ये रब की रज़ा है
जिसने इस रिश्ते को बड़ी शिद्दत से नवाज़ा है

13. खुद से कर ले प्यार

बहुत सारे रिश्ते और ज़िम्मेदारी निभाती है नारी
नारी तू कितनी है प्यारी
रिश्ता एक बेटी का
जिसमें पूरा करे माँ बाप का सपना
रिश्ता एक दोस्त का
जरूरत में साथ खड़ी रहना फ़र्ज़ समझती है अपना
रिश्ता एक बहन का
हर जीवन के संघर्ष में है साथ रहना
रिश्ता एक पत्नी का
बन जाती है हमसफ़र लिखती है नया सफ़रनामा
रिश्ता एक माँ का
न्यौछावर करती प्रेम और पूरी ममता
बच्चों के सपनों को ही माने अपना सपना
ज़िंदगी के सफ़र में क्या तुम कुछ भूल गई
अपने लिए जीना अपनी पह्चान भूल गई
ख़ुद से प्यार करना कभी ज़रूरी नहीं समझा
ख़ुद की ज़रूरतों को कभी ज़रूरी नहीं समझा
सीखो उस वृक्ष से जो डटा खड़ा है
जड़ें मज़बूत है पूरा वृक्ष हरा भरा है

जड़ों को ज़रूरत है अच्छे पोषण और पानी की
फिर देता वृक्ष है छांव और आराम हर चलते प्राणी को
सोचो हे नारी उस वृक्ष की है तू जड़
परिवार रूपी वृक्ष पर है पूरी तेरी पकड़
अगर तू कमज़ोर हो गई
क्या टिक पाएगा ये परिवार
कुछ ही क्षणों में टूट जाएगा वृक्ष बिखर जाएगा सबका संसार
न समझ ख़ुद को कमज़ोर इतना
तू क्यूँ इस जहाँ में खो गई
ज़रा देख एक नजर ख़ुद को
क्या दशा ये तेरी हो गई
ख़ुद का ध्यान रखना अब ज़रूरी हो गया
ख़ुद से प्यार करना क्या मजबूरी हो गया ?
तू ख़ुश है तो दे पाएंगी ये खुशियाँ सबको
तू मज़बूत है तो जोड़ पाएगी सब रिश्तों को
सब को खाने में क्या पसंद है ये ध्यान रखती हो
आने वाले मेहमान को क्या पसंद है वो तैयार रखती हो
सोचा है अपने बारे में कभी क्या पसंद है?
बनाऊ आज खाने में, जो मुझे पसंद है
अपनी खाने का और सेहत का रखो ध्यान
मन बलवान तो सब चीज़ का संतुलन हो जाएगा आसान
सबमे खुशियाँ और सम्मान बाँट पाओगी
जब ख़ुद को इन सब में भरपूर पाओगी
अपने आपको इस भीड़ में भी देख पाओगी
अपनी पहचान और ख़ुद को स्वतन्त्र पाओगी...

14. तू सब समझ जाती है

कुछ अनकहे से सवाल हैं मन में जिनके साथ तू सो जाती है
तेरी ये नम आँखे सब कुछ कह जाती है
तू सब समझ जाती है
क्यूँ आती हैं ये उलझने पूछती है तू हमेशा
बहुत कुछ सीखा कर जाती है
तू सब समझ जाती है
इसके जैसी उसके जैसी
नहीं है तू किसी के जैसी
अपनी पहचान तू ख़ुद बनाती है
तू , सब समझ जाती है
इतना प्यार तू करती है
घर में ख़ुशियाँ बिखराती है
एक पल भी चुप हो जाए तो
मन में हलचल सी मच जाती है
तू, सब समझ जाती है
मेरे चेहरे को मिनटों में पढ़ लेती है
अपना दिल थाँब के बाँहो में भर लेती है
तू, सब समझ लेती है
कुछ देर खेलना चाहती है
बहुत कुछ कहना चाहती है

बस इन्ही लम्हों में तू सिमटी सी रह जाती है
तू सब समझ जाती है
देख जीवन ने क्या दिया है हर पल अनोखा है
ना रोक तेरी मासूमियत को कल किसने देखा है
ना समझ इतना की शरारतें कम हो जाए
तू सब समझती है हम कहते ही रह जाए ...

15. भारत एक शक्ति

असली ताक़त वो नारी है;सोचो होगी कितनी महान
दूसरी के सिंदूर की रक्षा के लिए
कर रही अपने सिंदूर का बलिदान
ये कुछ और नहीं ; प्यार दर्शाता है
कैसे हर देशवासी मिट्टी के लिए अपना फ़र्ज़ निभाता है
सरहद पर खडे हैं दिन रात जवान
हथेली पर रखे अपनी जान
माँ की सरहद को जब चाहे दुश्मन छूना
खोल जाता है खून उनका रुद्र से भर जाता है सीना
खदेड़ देता शत्रु को फँसा कर उनके ही जाल में
प्राण भी न्योछावर कर दे अपनी माँ के सम्मान में
आज घरों में हैं आराम से हम लेके दिल में देश के लिए प्यार
बैठे सब टीवी के सामने कर रहे युद्ध का इंतजार
पर ये कोई रोमांचक बात नहीं
किसी फिल्म का कोई दृश्य नहीं
बज गया बिगुल अब युद्ध होगा , कहना है कितना आसान
हर एक सैनिक के जज़्बात में है वतन का संकल्प
समझता है पर युद्ध कोई समाधान नहीं
बस है एक विकल्प
जब भी हुआ आतंकी हमला

दिया उसका करारा जवाब
युद्ध के लिए सक्षम होकर भी
दिया हमेशा इंसानियत का पैग़ाम
मैं एक भारतवासी हूँ ;इसका है मुझे अभिमान
देखो हमारे सुरक्षादल, है कितने महान
सोने की चिड़िया कहते भारत को ,ए शत्रु तू ले ये जान
भौतिक धन तो रखते सब;
भारत में ही होता है हर धर्म और संस्कृति का सम्मान
रक्षा के लिए खड़ा है तत्पर भारत का हर एक जवान
तुम वीर नहीं धरोहर हो; तुमसे से ही है अपने देश की शान
नतमस्तक करते है हम सब
तुम्हारे इस शौर्य और महानता को सलाम
ये वसुधा है वास्तव में; अनोखा है इसका काम और नाम

16. कल हो ना हो

ज़िन्दगी कुछ ऐसे जियो जैसे कल हो ना हो
खुशियाँ ही ख़ुशियाँ हो चारों ओर
ना खड़े हो तुम अकेले एक ओर
प्यार से बँधी हो जीवन की डोर
अपनेपन का हो हर तरफ़ शोर
नफ़रत की काट दो डोरी
कम हो जाएँ सारी दूरी
ना रहे कुछ इच्छा अधूरी
करलो सब आज ही पूरी
ये तेरा है ये मेरा है
ये पल भर का घेरा है
ये जो है ,ये ही ना रहे तो
चारों ओर अँधेरा है
देखो एक दूसरे को जैसे वो भरपूर है
ना हो उनमे थोड़ा कुछ तो
क्या रिश्ता चकनाचूर है?
दे दो प्यार भर कर उन्हें
किस बात का गुरूर है
हर रिश्ता प्यारा है जीवन में
उसे निभाना जरूर है

आज ही कह दो उन्हें जो कहना चाहते हो
ज़िंदगी कुछ ऐसे जियो जैसे कल हो ना हो

17. माँ तू भी जी ले

बचपन में जो बंधन लगते थे
आज वो बंधनों को जीना चाहती हूँ माँ
उठ बेटी और खाना खाले,
आवाज़ सुनने को तरसती हूँ माँ
तुम कितनी व्यस्त रहती थी हमेशा
मैंने कभी समझा नहीं
लगता था काम ही तो है
तुम्हें कभी जाना नहीं
अपना जीवन किसी के लिए कुर्बान कर देना
अपनी इच्छा की परवाह किए बिना हर काम कर देना
सबका इतना सुन कर भी हमेशा सबका सम्मान किया
आज समझ पायी तुम्हें जब अपना संसार शुरू किया
इतनी सहनशीलता कहाँ से लाती हो माँ?
हर बात हँसकर कैसे पार कर लेती हो माँ ?
किसी की गलती कैसे अनदेखी कर लेती हो माँ?
सबके लिए कैसे जी लेती हो माँ ?
बहुत कुछ सीखा आपसे और सीखना बाक़ी है
हर किसी को प्यार से संभालना
बस ये कला सिर्फ़ माँ की है
पर एक चीज़ है जो माँ को नहीं आती

खुद के लिए जीना वो कभी सीख ही नहीं पाती
ख़ुद के लिए एक पल जी कर जरूर देखना माँ
सबको जो खुशियाँ दी हैं
महसूस करके देखना माँ
एक प्यारा सा जीवन दिया है तुमने माँ
उस जीवन को प्यार से सँवारा है तूने माँ
शब्दों में बया नहीं कर पायेंगे शुक्रिया तुम्हारा
बस अगले जन्म में भी मिले आँचल तुम्हारा...

18. प्रकृति से सीख

ए दमकते हुए तारे एक बात बता
मेरी किस्मत में क्या है लिखा
क्या मैं भी कभी ऐसे दमकूँगी
ऊँचे आकाश में ऐसे चमकूँगी

अपनी किस्मत ख़ुद लिखनी है
सफलता की सीढ़ी चढ़नी है
बस ख़ुद की ताक़त ले पहचान
हर तरफ़ होगा तेरा ही नाम

ए चलती हुई हवा एक बात बता
क्या तुझे अपनी मंजिल का है पता
पतंग अपनी मंजिल ख़ुद ढूँढती है ,
हवा तो सिर्फ़ उसे साथ देती है

पतंग से ऊँचा उड़ना सीखो
मत सीखो साथ लेना
पता नहीं साथ कब छूट जाए
रुख़ हवा का कब छूट जाए
पतंग से सीखो स्वतंत्र उड़ान

ख़ुद से बनाओ ख़ुद की पहचान

ए उड़ते हुए बादल एक बात
बता इस ठंडक का क्या है मजा
कुछ देर की ठंडक तुम पाते हो
फिर टूट कर बूँद बूँद बरसाते हो

सीखो बादल से वो कैसे ठंडक है फैलाता
दूसरे को ठंडक देने को वो ख़ुद चूर चूर हो जाता
मत सीखो बादल से गरजना सब पर
सीखो बादल से बरसना सब पर

19. मेरे पापा

पापा को ऑफिस से आते देख
जोर जोर से चिल्लाते थे
पापा जैसे ही पास आते
पॉकेट मनी के लिए हम हाथ फैलाते
थके हारे कितने भी हो
कभी नहीं चिल्लाते थे
हाथ पर कुछ सिक्के रख कर
मन ही मन मुस्काते थे
घर की सामान्य स्थिति थी
इच्छा पूरी करनी सबकी,लगती बहुत कठिन थी
हैरानी तो तब हो जाती
बिना बात किए ही जब , सब जरूरत पूरी हो जाती
संघर्षों के तूफानी दौर में
पापा अडिग और संवेदनशील थे
ना घर खर्च रुका ना स्कूल की फीस ना रुकी बैंक की किश्ते
बच्चो के सपने पूरा करने को
पापा ही थे असली फरिश्ते
पिता ने किसी उच्च स्थान से मैनेजमेंट नहीं किया होता है
आर्थिक , अनुशासन व सामाजिक मैनेजमेंट उन्हें भली भाँति आता है ?

पापा की एक डाँट से पूरा घर हिल जाता था
पापा के हँसी के ठहाको से घर का माहौल भी बन जाता था
पापा का अपना अंदाज़ निराला था
ज्ञान का भंडार सब पर बिखराना था
शाम को जब छत पर बैठ जाते
सवाल हमसे पूछने लग जाते
कैसे आती समुंद्र में लहरे ?
कैसे आते हैं तूफ़ान ?
जब सवालों में हम ख़ुद को उलझा पाते
एक एक करके कुछ ना कुछ बहाना बनाते
पापा को अकेला छोड़,घर के कोने में छिप जाते
पापा की तब बातें उत्पीड़न से नहीं थी कम
आज उन्ही बातों को याद करके हँसते है हम
जीवन के हर पहलू में जब सिखाई बातें अमल करते हैं
पापा आपका जीवन में महत्व को हम नमन करते हैं
अपनी हमेशा से अलग पहचान बनाना चाहती थी
भूल गई थी शायद ,
वो छत ही हमे सब तूफानों से बचाती थी
शायद पापा आपका ऋण मैं ना कभी चुका पाऊ
बस मेरी इबादत बन जाना , हर जन्म में मैं;आपको ही पिता पाऊ

20. अनकहे अहसास

शब्दों से नहीं आँखो से बयाँ करती है
दिल के सारे राज सुनाया करती है
तू रोज़ शब्दों का इंतज़ार करता रहा
वो तेरी धडकनों से बात करती रही
तू उलझा रहा मन के सवालों में
वो अनकहे शब्दों को ही संजोती रही

तुम ना होते तो क्या होता मेरा
तुम हो तो है हर रोज़ नया सवेरा
शायद समझा ना पाऊ शब्दों में
क्यूँ और कैसे है ये सब
बस इतना समझ लो फिलहाल
तुझ में ही दिखता है रब

रोज़ तुम्हें याद करते है
हम कुछ इस कदर तुम्हें प्यार करते हैं
आँखो में नमी सी आ जाती है
जब आँखे बंद करके तेरा दीदार करते हैं

आज कैसी शाम है ये
जो मुझे गुमराह कर गई
नाम ना आया लबो पे कभी
बस निगाहें यूँही बदनाम कर गई

21. भाई बहन का अनोखा प्यार

भाई बहन का बंधन बहुत अनोखा होता है
प्यार और ममता का झरोखा होता है
बचपन में एक दूसरे के प्रतिदुवंदी लगते है
आपस में जब हर पल झगड़ते रहते हैं
एक दूसरे के बिना सब अधूरा लगता है
साथ होते हैं तो सब कुछ पूरा लगता है
कोई कितना भी दूर हो चला जाए
पर दिल से दूर नहीं होते हैं
जरूरत के समय हर पल,
सब साथ खड़े होते हैं
एक थाली में खाना
तारों की चाँदनी में सोना
बहन को डाँट पड़वाने को
झुटमुठ में रोना
एक दूसरे को चिड़ाना
बात बात पर रुलाना
मम्मी आए डाँट लगाने
तो फट से पलट जाना
ग़लत काम करने को एक टीम बन जाना
एक दूसरे के राज ना कभी किसी को बताना

हर पल हर क्षण बचपन याद आता है
फिर से जी लेने को वो खट्टे मीठे पल
मन बहुत इठलाता है

www.ingramcontent.com/pod-product-compliance
Lightning Source LLC
La Vergne TN
LVHW050822051026
849532LV00008B/3067